TÜRKİYE CUMHURİYETİ MİLLİ EĞİTİM BAKANLIĞI

MİLLÎ EĞİTİM BAKANLIĞI YAYINLARI • 6293
BİLİM VE KÜLTÜR ESERLERİ DİZİSİ • 1631

HALK OZANLARI
NECDET KURU

Yayın Yönetmeni *Hüseyin Burak Fettahoğlu*
Yayın Koordinatörü *Hikmet Azer*
Yayın Sorumlusu *Çağrı Gürel*
Tashih *Huri Dursun Özkan*

Görsel Yönetmen *Ekrem Acar*
Dizgi *Pınar Balkış*

Baskı *SalMat Basım*
Büyük Sanayi 1. Cadde 95/1 İskitler/Altındağ-Ankara
Sertifika No *26062*

1. **Baskı** *2009*
2. **Baskı** *2017 (3000 Adet)*
3. **Baskı** *2019 (1500 Adet)*

Bir önceki baskının tıpkıbasımıdır.

ISBN *978-975-11-3240-6*

KÜLTÜR YAYINLARI
ÇOCUK

İdare Yeri *MEB Destek Hizmetleri Genel Müdürlüğü*
Ders Kitapları ve Yayımlar Daire Başkanlığı Kültür Yayınları Şubesi
MEB Beşevler Yerleşkesi I Blok 06560 Yenimahalle/ANKARA
Tel. 0312 413 36 48 • **Belgegeçer** 0312 222 40 85 • **E-posta** kulturyayinlari@meb.gov.tr

Satış Yeri *MEB Döner Sermaye İşletmesi Müdürlüğü*
Atatürk Bulvarı Millî Müdafaa Cad. No.: 6 Kat: 1 Kızılay/ANKARA
Tel. 0312 413 42 03 • **Belgegeçer** 0 312 419 20 14 • **E-posta** mebdose@meb.gov.tr

E-satış *kultureserleri.meb.gov.tr*

Necdet KURU

HALK OZANLARI

Karacaoğlan - Âşık Ömer
Erzurumlu Emrah - Âşık Veysel

KARACAOĞLAN

Çukurova'da Kozan Dağı civarında bir köyde, Karacaoğlan adında bir çocuk vardı. Anası o küçükken öldüğü için öksüz kalmıştı. Onu babası Kara İlyas büyütmüştü.

Karacaoğlan daha beş yaşında iken babası Kara İlyas, o bölgenin beyi Hüsam Bey tarafından askere alındı. Bu yüzden Karacaoğlan kimsesiz kaldı.

Köyün ileri gelenlerinden Serdengeçti Osman Ağa, Karacaoğlan'ı yanına aldı. Aradan yıllar geçmesine rağmen Kara İlyas askerden geri dönmedi. Serdengeçti Osman Ağa, Karacaoğlan'a kendi çocuğu gibi baktı. Onu hiç kimseye muhtaç etmedi.

Böylece aylar yılları kovaladı, Karacaoğlan on sekiz yaşına geldi. Serdengeçti Osman Ağa, Karacaoğlan'ı köyde bir kızla evlendirmek istedi. Karacaoğlan ise bu kızla evlenmek istemiyordu. Bu düşüncesini yıllarca kendisine bakan, büyüten, babalık yapan Serdengeçti Osman Ağa'ya söylemeye utanıyordu.

Düğün hazırlıkları başlamıştı. Karacaoğlan ne yapacağını bilemez hâldeydi. Kaçmaktan başka çare bulamadı. Sazını alıp gizlice yola düştü. Dağlar, dereler, tepeler aştı. Nereye gittiğini bilmeden günlerce yürüdü. O kadar yorulmuştu ki artık adım atacak hâli kalmamıştı. Bir çınarın altına uzandı.

Yorgunluktan dolayı hemen uyudu. Rüyasında ak sakallı bir dede ona dolu bir tas uzatıp “İç şunu oğul! İç ki yorgunluğun, dargınlığın son bulsun. Dilin bülbül, gönlün şen olsun.” dedi.

Karacaoğlan tası kana kana içti. Sonra uykusundan uyandı. Karacaoğlan’da yorgunluktan ve sıkıntıdan eser kalmamıştı.

Halk ozanları geleneğinde bu tür rüya gören ozanlara “badeli” deniliyordu. Bu rüya, aşığa esin kaynağı olurdu. Karacaoğlan’ın da içini aşk ve coşku doldurmuştu. Hemen sazını eline alıp başladı çalıp söylemeye:

Koyun meler kuzu meler
Sular hendeğine dolar
Ağlayanlar bir gün güler
Gamlanma gönül, gamlanma
...

Sonra yeniden yola koyuldu. Gide gide "Aladağlar"da bir Türkmen obasına vardı. Karacaoğlan'ı elinde sazıyla görenler kendisinden bir türkü söylemesini istediler. Karacaoğlan da başladı çalıp söylemeye:

Gönül kuşu kalktı uçtu havaya
İn gönül, dedim de indiremedim
Aşıp aşıp gider karlı dağlara
Dön gönül, dedim de döndüremedim
...

Oba halkı dinledikleri türküyü de Karacaoğlan'ı da çok beğendiler.

Karacaoğlan'a "Ozan, burayı kendi oban bil, bizimle kal, obamız şenlensin." dediler.

Bu isteği kabul eden Karacaoğlan, bir süre obada kalmaya karar verdi.

Obada günlerini geçiren Karacaoğlan, Elif adında bir kız gördü. Görür görmez de ona âşık oldu. Bu kız, obabaşı Boran Bey'in kızıydı. Boran Bey, astığı astık, kestiği kestik sert biriydi.

Bu yüzden Karacaoğlan Elif'e, onu sevdiğini söyleyemedi. Elif de Karacaoğlan'ı sevmişti ama babasından çekindiği için Karacaoğlan'a duygularını açamıyordu.

Karacaoğlan sevdasını içine gömdü. Obayı terk edip yeniden yollara düştü fakat Elif bir kere gönlüne girmişti. Yüce dağları, geçit vermez ormanları aşarken bile aklında hep Elif vardı.

Yüreğine düşen sevda Karacaoğlan'ı bir ateş gibi yakıyordu. İçini dökmek amacıyla oturduğu ağacın altında sazını eline aldı, başladı söylemeye:

İncecikten bir kar yağar
Tozar Elif Elif diye
Deli gönül abdal olmuş
Gezer Elif Elif diye

Elif'in uğru* nakışlı
Yavru balaban* bakışlı
Yayla çiçeği kokuşlu
Kokar Elif Elif diye

Elif kaşlarını çatar,
Gamzesi sineme batar
Ak elleri kalem tutar
Yazar Elif Elif diye
...

* Uğru: Uğranılan yer, yol. Çizgi, hat, eser. Şiirde, entarinin ön parçası.
* Balaban: Büyük başlı çakır doğan.

Karacaoğlan yeniden yollara düştü. Karaman'da bir obaya rast geldi. Meğer bu oba da Boran Bey'in obalarından biriymiş. Elif de babasıyla birlikte bu obaya gelmiş. Karacaoğlan ve Elif birbirini görünce çok sevindiler. O gece gizlice buluştular. Obadan kaçmaya karar verdiler. Hemen yola çıktılar. Boran Bey'in, kendilerini bulamayacağı kadar uzak bir yere gitmeleri gerekiyordu. Bunun için günlerce yürüdüler. Sonunda başka bir obaya rast geldiler.

Obanın beyine gidip başlarından geçenleri anlattılar. Oba beyi Tuğrul Bey, onları çok iyi karşıladı. Karacaoğlan ile Elif'i evlendirmeye karar verdi. Onlar için dillere destan bir düğün yaptı. Karacaoğlan obaları gezerek saz çalıp türkü söylüyor, Elif ise ev işleri ile uğraşıyordu. Böylece mutlu bir şekilde geçinip gidiyorlardı.

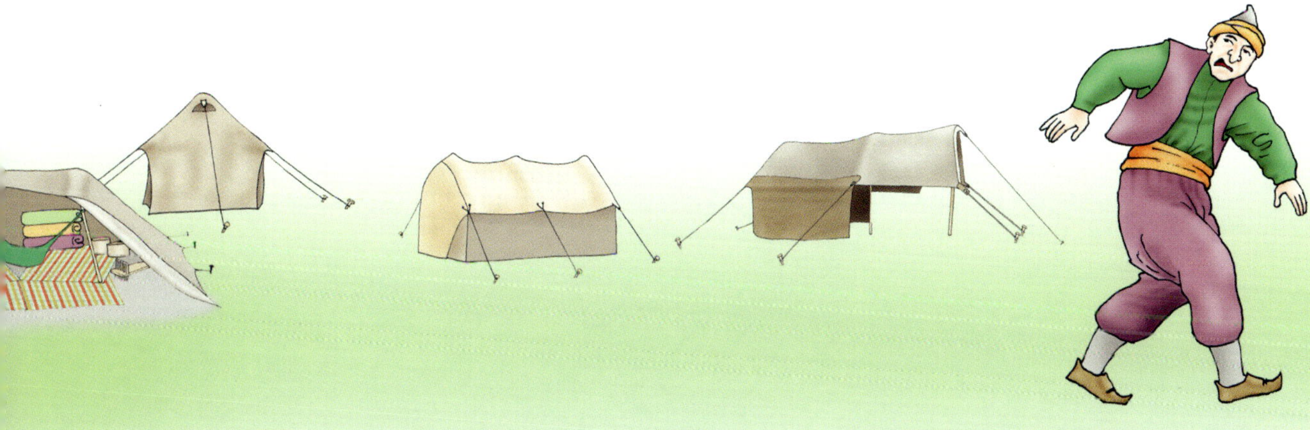

Bu obada Köse Veli isminde biri vardı. O da Elif'e âşık olmuştu fakat niyetini açığa vurup kimseye bir şey söylemiyordu.

Bir gün Karacaoğlan obada yokken Köse Veli, “Elif beni seviyor, ben de Elif'i” diye bir söylenti çıkardı. O sırada Karacaoğlan başka bir obadan kendi obasına dönüyordu. Yolda obasından biriyle karşılaştı. Adam, Köse Veli'nin yaydığı söylentiyi Karacaoğlan'a anlattı. Karacaoğlan, Elif'in kendisine ihanet ettiğini düşündü. Bir daha dönmemek üzere oralardan gitmeye karar verip hemen yola koyuldu.

Bunu duyan oba halkı Köse Veli'yi cezalandırıp obadan kovdu.

Elif, Karacaoğlan'ın gerçeği öğrenip geri döneceği ümidiyle kendini çadırına kapatıp beklemeye başladı. Fakat ne gelen vardı ne de bir haber getiren. Elif yıllarca Karacaoğlan'ı beklemeye devam etti. Yaşlandı, saçları ağardı. Artık obadakilerin Elif anası olmuştu.

Karacaoğlan ise kırık bir gönülle oba oba, il il türkü söyleyerek dolaşıp durdu. Derdini ağaçlarla, kuşlarla, çiçeklerle paylaştı.

Kalktı deli gönül, sürdü yürüdü
Gel oldu gidelim bizim ellere
Gözüm yaşı yer yüzünü bürüdü
Sel oldu gidelim bizim ellere

...

Aradan uzun yıllar geçti. Karacaoğlan ve Elif iyice yaşlanmışlardı. Onların aşkları bir efsane gibi halkın dilinde anlatılıp duruyordu.

Bir gün Elif çadırının önünde dururken gezgin bir satıcı gördü.

Ona "Çerçi kardeş, sen çok geziyorsun. Gezdiğin yerlerde hiç Karacaoğlan'ı gördün mü?" dedi.

Çerçi "Yoksa sen Elif misin?" diye sordu.

Elif "Evet, benim." diye cevap verdi.

Elif'in cevabından sonra çerçi, mallarını topladığı gibi hızla oradan uzaklaştı. Çünkü yakın bir obada Karacaoğlan'ı görmüştü. Hemen onu bulup Elif'ine kavuşturmalıydı.

Çerçi birkaç gün sonra Karacaoğlan'ı buldu. Elif'in hiçbir suçu olmadığını, iftiraya uğradığını bir bir Karacaoğlan'a anlattı. Elif'in hâlâ kendisini beklediğini söyledi.

Bunları duyan Karacaoğlan, büyük üzüntüye kapıldı.

Çerçiye "Evladım, ben artık çok yaşlandım. Bu hâlimle oraya kaç haftada gidebilirim, bilmiyorum." dedi.

Çerçi, Karacaoğlan'ı atına bindirdiği gibi Elif ananın obasına doğru yola koyuldu.

Karacaoğlan'ın geldiğini duyan oba halkı toplanmıştı.

Karacaoğlan "Elif nerede? Elif nerede?" diye sordu.

Hiç kimse cevap vermeyince "Yoksa öldü mü?" dedi.

Etraftakilerden biri cesaretini toplayıp "Evet, işte mezarı oradaki tepede" dedi.

Karacaoğlan, Elif'in mezarı başına geldi. Oturup dua etti. Sonra mezarın baş tarafına bir dut fidanı dikti. Sazını dut fidanına astıktan sonra oracıkta öldü. Obadakiler Karacaoğlan'ı da karşı tepeye gömdüler. Efsaneleşen bu aşk, halk tarafından anlatıla anlatıla günümüze kadar geldi.

Karacaoğlan'ın Kozan Dağı civarındaki Bahçe ilçesinin Varsak köyünde 1606 yılında doğduğu, 1679 veya 1689 yılında İçel'in Mut ilçesinde öldüğü rivayet edilmektedir. Anadolu'nun birçok yerini gezdiği, Mısır ve Rumeli'ye de gittiği söylenmektedir.

Karacaoğlan ozan-baksı dönemi edebiyatı adı verilen edebiyatın ünlü ozanlarındandır. Karacaoğlan'ın şiirlerinde aşk ve doğa teması ağırlıktadır. Süsten uzak, rahat ve akıcı bir üslubu vardır.

Âşık edebiyatı ozanları usta-çırak ilişkisi içinde yetişmektedir. Karacaoğlan da ustalarından öğrendiğini çıraklarına aktarmıştır.

Karacaoğlan'ın adı ve şiirleri, Türkçenin konuşulduğu geniş bir coğrafyaya yayılmıştır. Türkmenistan'dan Rumeli'ye kadar birçok Türk yurdunda nice Karacaoğlanların doğmasına sebep olmuştur.

ÂŞIK ÖMER

Kenceoğlu Abdullah, Kırım'ın Gözleve şehrinde kürk ticareti yapan bir tüccardı. O gün hem heyecanlı hem de çok mutluydu. Eşi Şerife Hatun, nur topu gibi bir erkek çocuk doğurmuştu. Hemen hocayı çağırdılar, bebeğin kulağına ezan okuttular. Kenceoğlu Abdullah, Hazreti Ömer'i ve adaletini çok seven biriydi. Eşi Şerife Hanım'ın da rızasını alarak bebeğin adını "Ömer" koydu.

Ömer beş yaşına geldiğinde onu mahalle mektebine gönderdiler.On üç yaşında Mahalle mektebini bitirdiğinde Kenceoğlu Abdullah ve Şerife Hatun'un, Ömer'in geleceği ile ilgili bir karar vermeleri gerekiyordu. Babası kendi mesleği olan kürk tüccarlığı yapmasını istiyordu. Şerife Hatun da medreseye gidip ilim adamı veya Kırım Hanlığı'nda yüksek idareci olmasını arzu ediyordu.

Ömer'in anne ve babası bir karara varamayınca bu konuda aile büyüklerinin karar vermesinin daha doğru olacağını düşündüler.

Aile büyüklerini evlerine davet ettiler. Kenceoğlu Abdullah, durumu kendilerine anlattı. Sonra da Ömer'in kürk tüccarı olmasının mı yoksa medreseye gitmesinin mi daha iyi olacağı konusunda onların görüşlerini sordu.

Aile büyükleri, kendi aralarında konuşup tartıştıktan sonra, Ömer'in medreseye gitmesi yönünde karar verdiler. Bunun üzerine Ömer, Cuma Cami Medresesine gitmeye başladı.

Ömer medreseye başlayınca huysuz ve geçimsiz bir çocuk oldu. Bu nedenle arkadaşları onu sevmiyorlardı. Okutulan dersler de onu sıkıyordu. Derslerine çalışmıyordu. Ömer, sadece edebiyat derslerinden zevk alıyordu. Edebiyat kitaplarının çoğunu okumuş hatta bazılarını ezberlemişti.

Diğer hocaları, çalışsın diye ona zaman zaman cezalar veriyordu. Ömer yine de medresede okutulan diğer dersleri bir türlü sevemedi.

Sık sık medreseden kaçıp yakında bulunan mezarlıkta boş boş geziyordu. Ömer, sorumsuz bir öğrenci olup çıkmıştı. Babası ve hocalarının bütün gayretleri boşa gitti. Ömer'in medreseden kaçışını engelleyemediler. Sonunda babasının sabrı taştı. Ömer'e kızarak onu şiddetle azarladı. Babasının bu tavrı Ömer'i çok üzdü.

Ömer üzüntüyle yolda yürürken mezarlığa uğradı ve dua etti, sonra yatıp uyudu. Rüyasında güzel bir kız gördü. Kızın elinde bir saz vardı. Bu sazı Ömer'e verdi. Ömer'in o anda âdeta dili tutuldu. Sonra kendine gelen Ömer, kelimeişehadet getirdi.

Bunun üzerine güzel kız "Ey Ömer, hâlinden şikâyet etme. Sen seçkin bir insansın. Türkülerinle insanların hayatına huzur getireceksin!" dedi ve kayboldu.

Ömer, rüyadan çok etkilenmişti. Sabah olunca doğruca medreseye gitti. Arkadaşları onu görünce birbirlerine bakıp gülümsediler. Ömer onlara hiç aldırmadı. O gün hocanın sorduğu soruları kimse bilemedi. Sadece Ömer cevapladı. Ömer'deki bu değişiklik hem hocaların hem de arkadaşlarının dikkatini çekti. Hırçın, huysuz ve sorumsuz Ömer gitmiş; yerine hoşgörülü, şair ve bilge bir Ömer gelmişti.

Âşık tarzı şiir geleneğinde bazı âşıkların bu tür rüyalarla âşıklığa başladıkları anlatılmaktadır.

Günler böyle geçip gidiyordu. Ömer çalışkan ve başarılı bir öğrenci olarak herkesin sevgisini kazanmıştı. Derslerinde başarılı olan Ömer artık şiir de yazmaya başlamıştı. Şiirleri sadece medresedeki hocalar arasında değil, aynı zamanda şehirdeki aydınlar arasında da beğeniyle okunuyordu.

Bu aydınlar arasında Kefevi Abdülkerim Şerifî adında biri vardı. İstanbul'da eğitim görmüştü. Birçok yerde kadılık yaptıktan sonra Kırım'a dönmüştü. Edebiyat konusunda da uzmandı. Boş zamanlarında Ömer'e ders vermeyi teklif etti. Ömer de bunu kabul etti. Böylece Ömer, edebiyat -özellikle de şiir- konusunda özel dersler almaya başladı.

Gerek divan edebiyatı gerek halk edebiyatı hakkında epeyce bilgi edindi. Bunlarla ilgili örnek şiirler yazıp hocasına gösteriyordu. Hocası her yazdığı şiiri takdir ediyor, onu "Aferin evladım!" diye teşvik ediyordu. Ayrıca Ömer'e diğer ünlü Türk şairlerini de tanıtıp onların şiirlerinden örnekler veriyordu.

Gördüğü rüyadan beri saz çalmaya da merak salan Ömer, bu işi iyice ilerletmişti.

Böylece günler aylar geçti. Ömer on beş yaşına geldi.

Edebiyat alanında kendisinden çok şey öğrendiği hocası Kefevi Abdülkerim Şerefi'nin ölümü Ömer'i çok üzdü.

Bu arada medresedeki eğitimi de bitmişti. Sazını alıp âşık kahvelerinde türküler söylemeye başladı.

Ömer'in söylediği türküler, ününün bütün çevreye yayılmasına sebep oldu. Artık onun adı Âşık Ömer'di.

Elem çekip deli gönül gam yeme
Birgün ağlamanın gülmesi vardır
Düşmana intikam kalır mı deme
Herkes ettiğini bulması vardır
...

Gözleve'de âşık kahvelerinde birkaç yıl türkü söyleyip dolaştı. Daha sonra Dağıstan'a, Azerbaycan'a ve İran'a gitti. Oralarda türküler söyleyip halktan büyük beğeni aldı.

Âşık Ömer der ki bakın
Seni sevene ol yakın
Bu mahzun gönlüme sakın
Değme Mevlâ'yı seversen

Buradaki Türk yurtlarında birkaç yıl gezen Âşık Ömer, sonra Osmanlı Devleti'ne geldi. Burada gittiği her şehre, onların güzelliğini anlatan "güzelleme" denilen şiirler yazdı.

Bursa'ya gelince önce Emir Sultan Türbesi'ni ziyaret etti. Sonra şehri gezerek Bursa'nın güzelliğini anlatan bir güzelleme yazdı:

Bursa diyarında eğlendik kaldık
Şimdi bu il bize bir mekân diye
Sürdük yüzümüzü ziyaret kıldık
Kutb-u âlem* Emir Sultan diye
...

*Kutb-u âlem: Zamanın büyük bilgini.

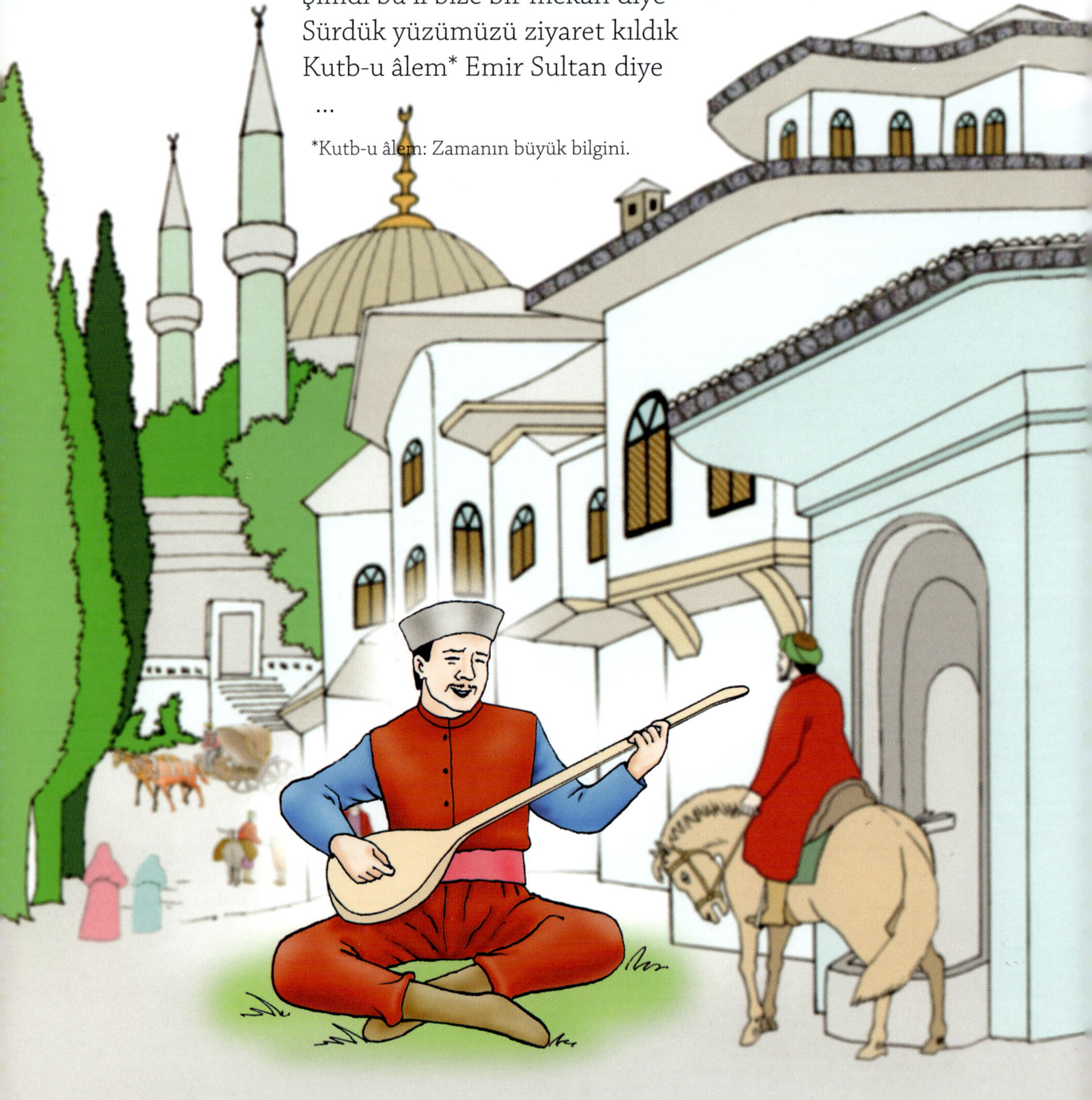

Âşık Ömer, şiirlerinde daha çok iyilik, sevgi, sadakat, namus, insanlık, adalet ve merhamet gibi konuları işlemiştir. Bu tarzı, onu halkın gönlünde daha da yüceltmiştir.

Gel cananım, sana bir sualim var
Lutfeyle bana, şundan haber ver
Hakk'ın mamur evi cennet cehennem
Kim için yapıldı, şundan haber ver
...

Âşık Ömer hasmı ile görüşür
Tenin toprak hem aslına karışır
Ay nereden doğar, nerden kavuşur
Gün neden halk oldu,* şundan haber ver

* Halk oldu: Yaratıldı

İstanbul'a geldiğinde bir âşık kahvehanesine gitti. Burada Gevheri gibi dönemin ünlü âşıklarıyla tanıştı.

Bunlardan biri de hem halk şairi hem de minyatür sanatçısı olan Levni idi. Onunla çok iyi dost oldu. Levni dostluklarının şerefine, Âşık Ömer'in bir minyatürünü yapıp kendisine hediye etti. Ömer de bir şiirini okuyarak Levni'ye teşekkür etti.

Âşık Ömer muradın Hak'tan dile
Şair olan bunun manasın bile
Bizden sonra nice şairler gele
Ko desinler, dilde destanımız var

Âşık Ömer, ordu saflarında Bağdat, Rumeli gibi yerlere düzenlenen seferlere katıldı. Amacı hem savaşmak hem de savaşan askerlere türküleriyle moral vermekti. Bunun için herhangi bir ücret almadı. Yaptığı işin sevabını en büyük ücret olarak gördü.

Âşık Ömer, altmış beş yaşında hacca gitti. Sonra da Kırım'a dönüp doğduğu yer olan Gözleve'ye yerleşti. 1707 yılında, seksen altı yaşında burada öldü.

Âşık Ömer'in hayatı ile ilgili başka anlatılar da bulunmaktadır.

Hem aruz hem hece veznini ustalıkla kullanan bir şair olarak ün yapmıştır.

Yunus Emre'den sonra Türk-İslam coğrafyasında en çok tanınan şairlerden biridir. Yurt güzellemeleri ve kahramanlık gibi konuları şiirlerinde işlemiştir.

ERZURUMLU EMRAH

Erzurum'un Tanbura köyünde bir ailenin Emrah adında bir çocuğu vardı. Emrah küçük yaşta babasını kaybettiği için öksüz kalmıştı. Köyün bütün çocukları gibi o da çobanlık yapıyordu. Akşama kadar kırlarda bayırlarda dolaşıp çiçekleri kokluyor, kuş cıvıltılarını dinliyordu. Atadan babadan duyduğu türküleri söylüyordu. Zaman zaman da kavalını çalıp coşuyordu.

Akşam olup eve gittiğinde evde bulunan sazı çalmayı öğrenmek için uğraşıyordu. Bu arada kendi kendine türküler uyduruyordu.

Yaz mevsimi böyle gelip geçmiş, kış mevsimi kapıya dayanmıştı. Emrah bu aylarda da hem gezgin âşıklardan saz çalmasını öğreniyor hem de Hacı Haşıl Efendi'den ders alıyordu.

Bir kaç yıl sonra Hacı Haşıl Efendi "Oğlum Emrah, benim sana öğretebileceklerim bu kadar. Eğer daha fazla okumak istiyorsan Erzurum'a medreseye gitmen gerekir." dedi. Hocasının bu tavsiyesi Emrah'ı çok sevindirdi. Çünkü o da eğitimine devam etmek istiyordu.

Emrah eve gelir gelmez hemen hocasının söylediklerini anasına anlattı. Anası da diğer akrabalarına haber verdi. Bütün akrabalar toplandıktan sonra durumu değerlendirdiler. Emrah'ın Erzurum'a gitmesine karar verdiler.

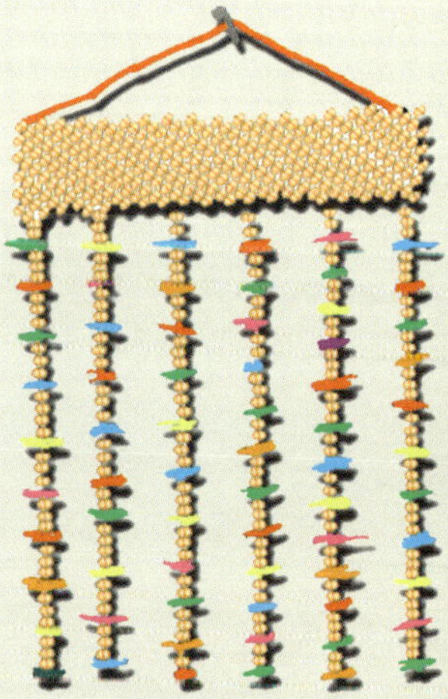

Emrah için hemen yol hazırlıklarına başlandı. Yeni elbiseleri giydirildi. Heybesi hazırlandı. Sazı da unutulmadı.

Ertesi sabah anasının ellerinden öptü, hayır duasını aldı. Diğer akraba ve komşuları ile de helalleşip vedalaştı. O gün Erzurum'a gideceklerle birlikte yola koyuldu.

Dağlara doğru yol aldılar. Akşam olunca bir handa mola verip dinlendiler. Ertesi sabah tekrar yola çıktılar. Akşama doğru Erzurum'a vardılar. Emrah meraklı bakışlarla etrafını seyretti. Çevredeki insan kalabalığı ve büyük binalar onu şaşırtmıştı.

Öğrenim göreceği medreseyi buldu. Hocanın odasına çıktı, selam verip elini öptü. Okumak için geldiğini söyledi.

Hoca onu alnından öptü: "Aferin oğlum! İlim, öğrenmek isteyenindir." dedi. Sonra bir görevli çağırıp kendisine yardımcı olunmasını istedi. Emrah'a kalacağı oda gösterildi.

Medresede okuyan öğrenciler, medresenin de içinde bulunduğu külliyenin bir bölümünü oluşturan odalarda kalıyorlardı. Emrah da bu odalardan birine yerleşti.

Böylece Emrah'ın hayatında yeni bir dönem başladı. Gündüzleri derslerine devam ediyordu. Akşamları sohbetleri dinliyor, okunan ilahilere katılıyordu.

O dönemde medreseler edebiyatın merkeziydi. Diğer edebiyat türleriyle birlikte öğrencilere şiir de öğretiliyordu. Emrah, en çok şiirle ilgili derslere ilgi duyuyordu.

Çocukluğundan beri edebiyata ilgi duyan Emrah, aldığı derslerin verdiği cesaretle kendi kendine şiirler yazmaya başladı.

Böylece aradan üç yıl geçti. Yazdığı şiirler çoğalmıştı ama onları kimseye göstermeye cesaret edemiyordu.

Bir gün yazdığı şiirleri edebiyat hocasına göstermeye karar verdi. Şiirleri okuyan hoca, Emrah'taki kabiliyeti hemen anladı "Aferin oğlum, yazmaya devam et." dedi.

Hocası bundan sonra Emrah'la yakından ilgilendi. Şiir konusunda ona daha derin bilgiler verip çeşitli şiir örnekleri gösterdi.

Zamanla diğer öğrenciler de Emrah'ın şiire ilgisini öğrendiler. Zaman zaman "Bize de bir şiir yaz." diye ona şaka bile yapıyorlardı.

Emrah sadece şiir yazmakla kalmıyor, bunları besteliyordu. Çünkü çocukluğunda çok türkü söyleyip çok âşık atışması dinlemişti.

Bir gün medresedeki arkadaşlarını topladı. Onlara yazdığı yeni bir şiirini okudu:

Ne feryad edersin divane bülbül
Senin bu feryadın gülşene kalsın
Bu dünyada eremezsen murada
Huzur-ı mahşere* divane kalsın
...

Arkadaşları Emrah'ın şiirini çok beğendiler.

* Huzur-ı mahşer: İslam dinine göre insanların öldükten sonra hesap vermek için toplanacakları yer.

Arkadaşlarından biri, Emrah'a şiirlerini, âşıklar kahvesinde söylemesini teklif etti.

Bu kahvelerde, kimi zaman yörenin en seçkin âşıkları eserlerini halka dinletirlerdi. Kimi zaman da birden fazla âşık bir araya gelir, karşılıklı atışma şeklinde şiir ve beste yeteneklerini sergilerlerdi.

Emrah ve arkadaşları kahvehaneye geldiler. Kahvehanenin yarısından fazlası doluydu. Selam verip boş olan bir yere oturdular. Onlar oturur oturmaz hemen kahvehaneci yanlarına geldi: "Oğul, bizim âşıkların gelmesine daha çok zaman var. Sazın yanında olduğuna göre bir şeyler çalıp söylesen de dinlesek hele." dedi.

Zaten buraya da onun için gelmişlerdi.

Emrah aldı sazı eline:

Dedim inci nedir, dedi dişimdir
Dedim kalem nedir, dedi kaşımdır
Dedim on beş nedir, dedi yaşımdır
Dedim daha var mı, dedi ki yok yok
...

Emrah'ın türküsü bitince herkes onu tebrik etti. "Kimsin, necisin, nerden geldin?" diye birçok soru sordular.

Kahvehaneci de: "Oğul, bu kahve şimdiye kadar böyle âşık görmedi. Ağzına sağlık, sağ ol, var ol! Kahvehanemizi şenlendirdin." dedi.

Bundan sonra Emrah'ın adı dilden dile yayıldı. Şiirleri gönülden gönüle aktı.

O devirlerde Anadolu'da insanlar, âşıklara çok değer veriyordu. Emrah, kısa zamanda halk tarafından tanınıp bilinmeye başladı. Hem divan hem tekke hem de halk edebiyatı alanlarında şiirler yazdığı için halkın her kesimi tarafından sevilip sayılıyordu.

Emrah'ın şiirleri "cönk" adı verilen el yazması defterlerde yer almaya başladı. Böylece hem ünü arttı hem de eserleri daha geniş kitlelere ulaştı.

O artık Âşık Emrah olarak tanınıyordu. Âşıkların töresine uyarak Anadolu'yu gezmeye karar verdi.

Bu düşüncesini medresenin yöneticisi olan hocasına söyledi. Töreyi bilen hoca, ona izin verdi. Hocasının elini öpüp helallik alan Emrah, diğer hocaları ve arkadaşları ile vedalaştı. "Ya kısmet!" deyip yollara düştü.

Önce köyüne uğrayan Emrah, oradan Bayburt'a geçti. Sonra Gümüşhane'ye, oradan Trabzon'a gitti. Burada Azlumoğlu'nun kahvehanesinde saz çalıp türkü söyleyerek halkın gönlünde taht kurdu.

Ela gözlerini sevdiğim dilber
Sen benim derdime deva bilmezsin
Sen nasıl tabipsin, yoktur ilacın
Yürekte yaramı sarabilmezsin

...

Emrah der ki yalan oldu sözlerin
Muhabbeti can evinde gizlerim
Ne durursun, ağlasana gözlerim
Gitti, kaşı kara görebilmezsin

Emrah daha sonra köyüne geri döndü. Bir süre sonra yine yollara düştü. Sivas'a geldi. Burada Havuzlubahçe adındaki âşıklar kahvehanesinde saz çalıp türkü söyledi.

Türkülerindeki akıcılık ve duygu zenginliği halkın ona olan sevgisini iyice artırdı.

Tutam yâr elinden, tutam
Çıkam dağlara dağlara
Olam bir yaralı bülbül
İnem bağlara bağlara

Birin bilir, binin bilmez
Bu dünya kimseye kalmaz
Yâr ismini desem olmaz
Düşer dillere, dillere

Emrah der ki bu günümdür
Arşa çıkan tütünümdür
Yâre gidecek günümdür
Düşem yollara yollara

Anadolu'nun bir çok şehrini gezen Âşık Emrah, sonunda Niksar'a yerleşti.

1860 yılında vefat ettiği sanılan Âşık Emrah'ın mezarı Niksar'ın Karşıbağ Mahallesi Tekkebayır Mezarlığı'ndadır.

Âşık Emrah, Tokatlı Nuri başta olmak üzere çok âşık yetiştirmiş, ayrıca bir çok âşığı da etkilemiştir.

ÂŞIK VEYSEL

Sivas'ın Şarkışla ilçesinin Sivrialan köyünde Karaca Ahmet ve Gülizar Hanım bir çifti yaşıyordu. Bu çiftin 1894 yılında bir erkek çocuğu dünyaya geldi.

Sivrialan köyünde Beserek adında bir dağ vardı. İslam büyüklerinden Veysel Karani'nin bu dağda görüldüğü rivayet ediliyordu.

Yöre halkı için Beserek Dağı özel bir yerdi. Bu bölgede yaşayanlar her yıl Haziran ayında bu dağa çıkıp kurban keserlerdi.

Karaca Ahmet ve Gülizar çifti bu yüzden çocuğun adını Veysel koydular.

Aradan aylar yıllar geçti. Küçük Veysel büyüdü beş yaşına geldi. Her çocuk gibi cıvıl cıvıldı. Yerinde duramayıp, koşup oynuyordu.

Bir gün Veysel evlerinin önünde oynarken babası “Hadi oğlum! Güneşin ışıklarını yakalayıp bana getir.” dedi.

Veysel güneşe ellerini uzattı, ışıklarını avuçlayıp babasına götürdü. Işıkları vermek için avucunu açıp baktı ki hiçbir şey yok. Veysel hayretle ne olduğunu anlamaya çalışırken babası onun bu hâline bakıp güldü.

Günler böyle gelip geçti. Veysel yedi yaşına geldi. O yıl köyde çiçek hastalığı salgını çıktı. Çok geçmeden Veysel de bu hastalığa yakalandı.

Sol gözüne yakın bir yerde çıban çıktı ve bu gözü görmez oldu. Bir süre sonra da sağ gözüne perde indi. Sonunda Veysel'in gözleri görmez oldu. Veysel yakalamaya çalıştığı güneş ışıklarını artık bir daha göremeyecekti. Karaca Ahmet, oğlunun bu durumuna çok üzüldü fakat yapacak bir şey yoktu.

Veysel'in hem canı sıkılmasın hem de gelecek yıllarda geçimini sağlasın düşüncesiyle ona Ortaköy'den üç telli bir saz aldı.

Veysel, önceleri sazı bir türlü çalamadı. Bu durum Veysel'i umutsuzluğa düşürdü. Bunu fark eden babası aynı zamanda iyi bir bağlama ustası olan Molla Hüseyin'e durumu anlattı.

Molla Hüseyin bağlamasını aldı. Küçük Veysel'in yanına geldiler.

Molla Hüseyin, Veysel'e: "Oğlum Veysel, hiç bir şey emek verilmeden öğrenilmez. Hazır ekmek bile çiğnenmeden yutulmuyor" dedi.

Sonra da sazı nasıl çalması gerektiğini bağlamasıyla örnekler vererek anlatmaya başladı.

Böylece Veysel, ilk saz derslerini Molla Hüseyin'den almaya başladı. Bir süre uğraştıktan sonra da hatasız saz çalmayı başardı.

Öyle ki köylüler zaman zaman gelip Veysel'in sazını dinlemek istiyorlardı. Veysel için yepyeni bir dönem başlıyordu.

Veysel, bir gün oturmuş yine heyecanla sazının teline vuruyordu. O sırada köyde bulunan ve iyi bir saz ustası olan Çamşıhlı Ali Ağa, Veysel'in bu gayret ve heyecanını gördü: "Oğlum arada bir yanıma gel de sana bildiklerimi öğreteyim." dedi.

Bundan sonra Çamşıhlı Ali Ağa'dan da ders alan Veysel hem sazını ilerletti hem de okuduğu eser sayısını arttırdı.

Veysel, Mescit köyündeki Salman Baba'dan da ders aldı. Salman Baba çalışkan, dürüst ve aydın bir insandı. Veysel'in gelişmesinde çok faydalı oldu. Derler ki "Salman Baba olmasa Âşık Veysel de olmazdı."

Salman Baba sayesinde Veysel, Kul Abdal'ın, Emrah'ın, Tarsuslu Sıtkı'nın, Akkaşların Hüseyin'in, Kale köylü Kemter Baba'nın ve İğdecikli Veli'nin eserlerini öğrendi ve çalıp söyledi.

Çaldığı parçalar, usta malı denilen eski âşıkların eserleriydi. Bu şekilde Veysel de âşıklık geleneğinin halkasına dâhil oldu.

Böylece yıllar geçti. Veysel 20 yaşına geldi. O yıl seferberlik ilan edilmişti. Yani bütün gençler askere alınıyordu. Birinci Dünya Savaşı başlamış, Osmanlı Devleti birçok cephede savaşa girmişti.

Bütün akranları askere alındı. Veysel kör olduğu için askere gidememişti. Köyde yaşlı erkek, kadın ve çocuklarla birlikte kalmıştı. Vatan hizmetinden mahrum kalmak onu çok üzmüştü. Bu üzüntüyle sazına daha sıkı sarıldı.

Veysel sadece kendi köylülerine değil, komşu köylere de gidip düğünlerde saz çalıyordu.

Babası Karaca Ahmet, "Ben öldükten sonra Veysel'e kimseler bakmaz. Evlendireyim de çoluk çocuğa karışsın, onlar Veysel'e bakarlar." diye düşündü. Onu 1919 yılında Elif adında bir kızla evlendirdiler.

1921 yılında önce Veysel'in annesi, sonra da babası öldü. 1927 yılında eşi Elif'ten ayrıldı. 1928 yılında Gülizar adında bir hanımla tekrar evlendi.

1931 yılında ünlü şair Ahmet Kutsi Tecer, Sivas'a görevli olarak geldi. Burada Sivas Lisesi Edebiyat Öğretmeni Vehbi Cem Aşkun ve müzik öğretmeni Muzaffer Sarısözen ile tanıştı. Birlikte "Halk Şairlerini Koruma Derneği" kurdular.

Bu dernek 5-7 Kasım tarihleri arasında Sivas Halk Şairleri Bayramı etkinliğini düzenledi. Birçok âşığın yanı sıra Veysel de bu etkinliğe katıldı.

Ahmet Kutsi Tecer, Sivas Halk Şairleri Bayramı'na katılanlara "halk şairi" olduklarını belirten bir belge verdi. Veysel burada beş eser seslendirdi.

Bunlardan biri şu eserdi:

Seherde ağlayan bülbül
Sen ağlama ben ağlayım
Ciğerim dağlayan bülbül
Sen ağlama ben ağlayım

Âşık der ki hâlâ böyle
Gideriz biz yola böyle
Felek bildiğin işler
Hemen yüzyıl talep eyle

Bülbülün donları sarı
Ben ağlarım zarı zarı
Sen de mi yitirdin yârı
Sen ağlama ben ağlayım

Âşık der ki uyandım
Uyandıkça uyandım
Taş olsaydım yandımdı
Toprak oldum dayandım

Sivas Halk Şairleri Bayramı'na katılan Veysel'in ünü çevrede daha fazla duyulmaya başladı. Artık ona Âşık Veysel deniliyordu. Arkadaşları ile köy köy, şehir şehir geziyordu. Âşık anlamına gelen "halk şairi" olduklarına dair verilen belge de işlerini kolaylaştırıyordu.

Cumhuriyet'in onuncu yıl dönümünde Gazi Mustafa Kemal'e,

Türklerin ihyası Hazreti Gazi
Kurtardı vatanı düşmanımızdan
Canını bu yola eyledi feda
Biz dahi göçelim öz canımızdan

diye başlayan bir destan yazdı. Bu destan çok beğenildi. Hâkimiyet-i Millîye gazetesinde üç gün boyunca yayımlandı.

Âşık Veysel, arkadaşı İbrahim'le İstanbul'a gitti. Burada Yenigün dergisi Âşık Veysel ile söyleşi yaparak onun hayatını ve şiirlerinden örnekler yayımladı. Âşık Veysel'den etkilenen gazeteci bir tavsiye mektubu yazarak onu İstanbul Radyoevine gönderdi.

O zaman İstanbul Radyoevi Müdürü Mesut Cemil Bey'di. Mesut Cemil Bey tavsiye mektubunu okuduktan sonra ondan birkaç türkü söylemesini istedi.

Âşık Veysel, "Seherde Ağlayan Bülbül" ve "Mecnun'um Leyla'mı Gördüm" adlı türküleri söyledi. Mesut Cemil Bey türküleri beğenmişti. Âşık Veysel'le İbrahim'i aynı akşam radyoya çıkarmaya karar verdi.

Âşık Veysel'i radyoda ilk defa dinleyen halk onu çok beğendi. Radyoevine tebrik telefonları geldi. Veysel, radyoevindeki programdan sonra bir arkadaşının evine gitti.

Bu programı Atatürk de dinlemiş ve çok beğenmişti. Onu huzuruna çağırttı fakat bütün aramalara rağmen Âşık Veysel bulunamadı.

Ertesi gün İstanbul Radyoevine giden Âşık Veysel olanları öğrendi. Hemen Dolmabahçe Sarayı'na gitti. Ancak bu sefer Atatürk'ün işleri vardı. Bu sebeple Atatürk'le görüşmek Âşık Veysel'e nasip olmadı.

Atatürk'ün ölümü üzerine "Atatürk'e Ağıt" destanını yazdı.

Âşık Veysel çoğu zaman aylarca gurbette dolaştı. Birçok yerde konser verdi.

Köyü Sivrialan'da bulunduğu sıralarda arazisine meyve fidanları dikmeye başladı. Sivrialan köyünün arazisi taşlık ve çorak olduğundan meyve ve sebze yetiştirilmiyordu. Âşık Veysel'in fidan diktiğini gören köylüler "Bu adam, eski köye yeni âdet getirmek istiyor. Hiç buralarda meyve ağacı yetişir mi?" diye onu eleştirdiler.

Yıllar geçti, dikilen fidanlar meyve vermeye başladı. Bu sefer köylüler "Kör olan Veysel değil, bizlermişiz." diyerek kendisinden özür dilediler.

Âşık Veysel, 1941 yılında Ankara'ya giderek eski dostu Ahmet Kutsi Tecer'i ziyaret etti. O sırada Tecer'in yanında Millî Eğitim Bakanlığından gelen yetkililer de vardı.

Âşık Veysel'e köy enstitülerinde ders vermesini teklif ettiler. Âşık Veysel de bu teklifi kabul etti. Böylece Köy Enstitülerinde müzik öğretmenliğine başladı. Meşhur "Toprak" şiirini Çifteler Köy Enstitüsünde görevli iken yazdı.

Dost dost diye nicesine sarıldım
Benim sadık yârim kara topraktır
Beyhude dolandım, boşa yoruldum
Benim sadık yârim kara topraktır
...

1951 yılında Âşık Veysel'in hayatını anlatan bir film çekildi. Birçok etkinliğe katılan Âşık Veysel, son konserini 15 Ağustos 1971 tarihinde Hacıbektaş'ta verdi. Artık hem çok yaşlı hem de hastaydı. 21 Mart 1973 tarihinde vefat etti. Âşık Veysel'in ölümü bütün yurtta büyük üzüntü yarattı. Cenazesi kendisine yaraşır bir törenle kaldırıldı.

Âşık Veysel, şiirlerinde olduğu gibi davranışlarında da sevgiyi, barışı, kardeşliği, bilgiyi ve ülke sevgisini, güzel ve duru bir Türkçe ile anlatmıştır.

Âşık Veysel, gittikçe zayıflayan âşıklık geleneğimizin en önemli temsilcilerindendir.

DOSTLAR BENİ HATIRLASIN

Ben giderim, adım kalır
Dostlar beni hatırlasın
Düğün olur, bayram gelir
Dostlar beni hatırlasın

Can kafeste durmaz uçar
Dünya bir han, konan göçer
Ay dolanır, yıllar geçer
Dostlar beni hatırlasın

Can kafesten ayrılacak
Tütmez baca, yanmaz ocak
Selam olsun kucak kucak
Dostlar beni hatırlasın

Ne gelsemdi, ne giderdim
Günden güne arttı derdim
Garip kalır yerim yurdum
Dostlar beni hatırlasın

Açar solar türlü çiçek
Kimler gülmüş kim gülecek
Murat yalan ölüm gerçek
Dostlar beni hatırlasın

Gün ikindi, akşam olur
Gör ki başa neler gelir
Veysel gider, adı kalır
Dostlar beni hatırlasın